Margret Rettich's

LESEBILDERBUCH

A Little Dog Runs Away

gondolino

Luzie is our  .

Luzie is small, silly and wants to play.

Luzie always does foolish things.

These are our 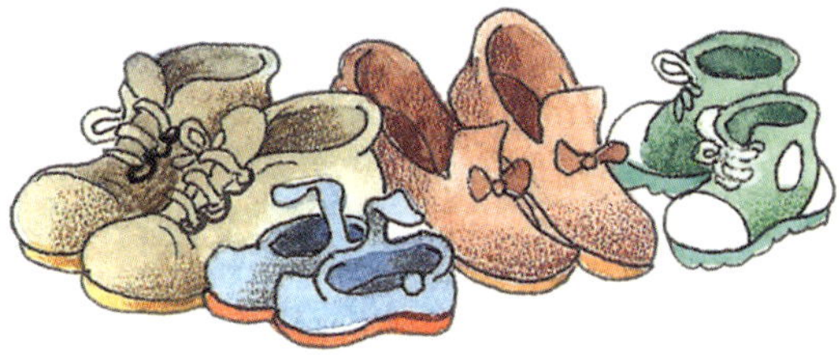 .

Freshly polished. Then Luzie comes.

These are our  now.

Daddy's  is over there on the  next to the . Daddy is still in the 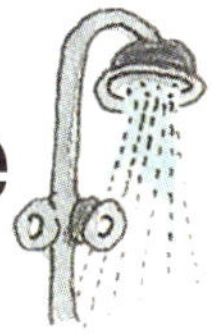. Meanwhile, Luzie passes by. This is Daddy's  now.

This is Mummy's 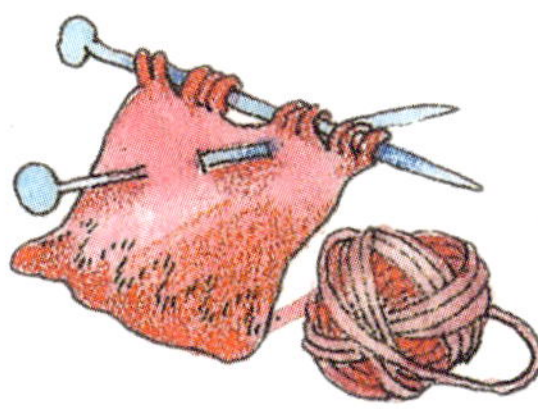. Mummy has almost finished the new 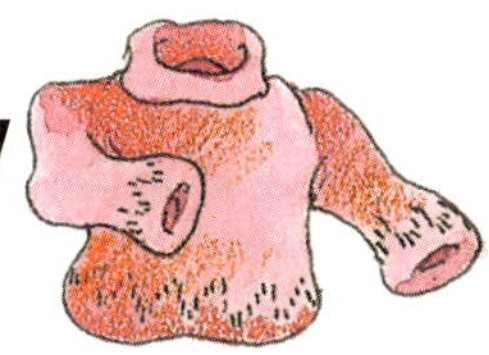. But unfortunately, Luzie passes by. This is left over of Mummy's

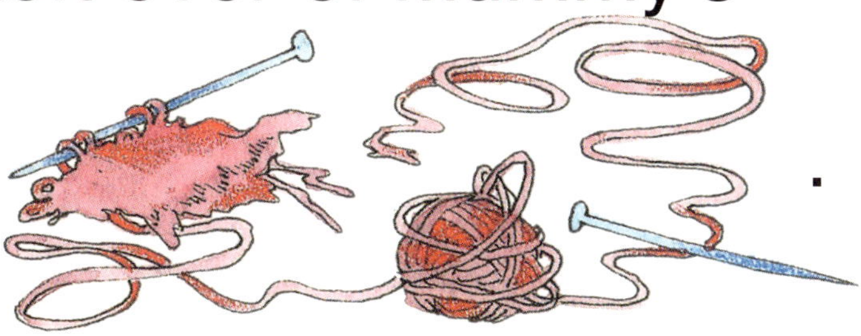.

Actually, we should scold Luzie. But Luzie is so small and silly. We prefer to laugh and take care. We take care that Luzie does not eat the whole

 . And that it does not throw

the  beside the 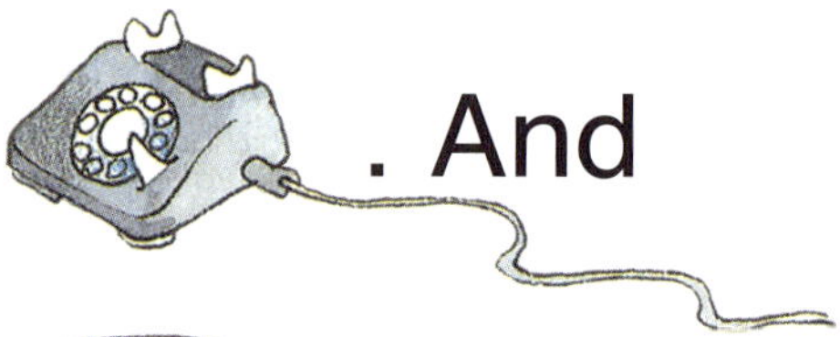 . And that it does not do its  on

Daddy's  . Above all, we take care that Luzie does not run away.

We always lock up the  .

And when we go out, we put Luzie on the 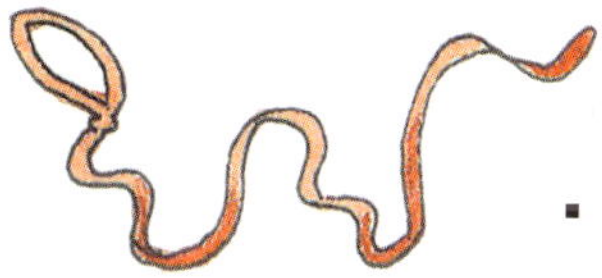. But Luzie is very clever. However, it ran away once and that is how it happened:

We want to go shopping, Luzie must

wait in the  for us. The 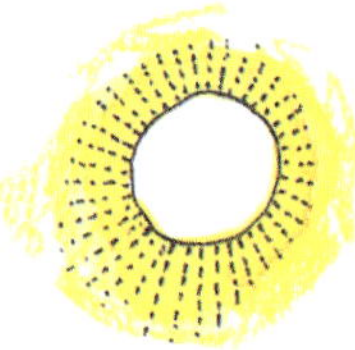

is shining, it is very hot. That is why

we leave the   a bit open.

Luzie gets bored all by itself in the

 . It starts to bark.

Outside a  stops and says:

„Poor little dog.“ She gives Luzie a

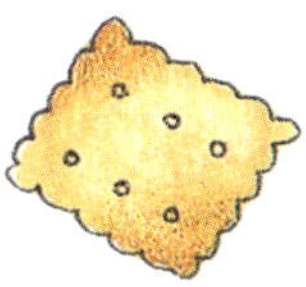. A  gives Luzie a bit of his

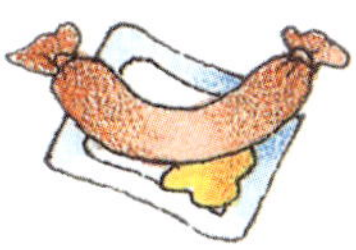. The  and the 

walk on. Again Luzie is all by itself

and barks.

Now three  with 

pass by. Luzie likes a  very

much. It whines and first it gets one

, then  and then .

Then a  with a big

 passes by. The big 

jumps up to the  and yelps.

Luzie also yelps loud. The 

quickly pulls his big  away.

Now nobody passes by any more.

Luzie looks out of the 

and is bored. It slides further and further forward and suddenly Luzie stands outside. Nobody pulls at the

 as usually. Luzie can run wherever it wants.

It almost runs into a  . It brakes just in time. Luzie runs into a  who falls down. Luzie runs right through many  .

Where does Luzie get then?

It smells good here. Luzie sits down

and sniffs. There is a  with

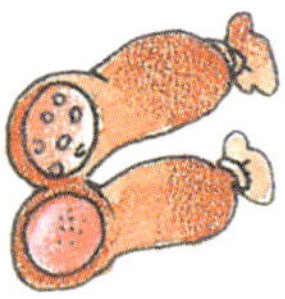. There is a 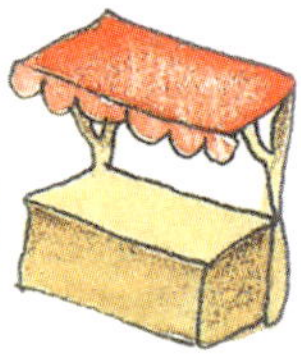 with  and

. There is a  with 

and a  with  filled with .

There are 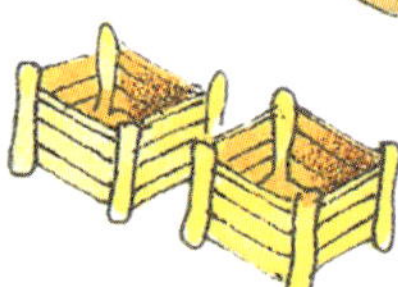 with  and .

There are  with 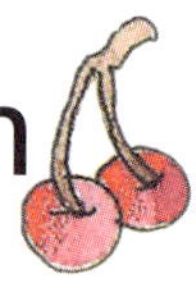 and .

Luzie pulls down a  with .

„Go away!“ a  shouts. Quickly,

Luzie runs away.

There are many  . All kind of things are in front of them, empty  , filled  , torn  , broken  , old  , crushed 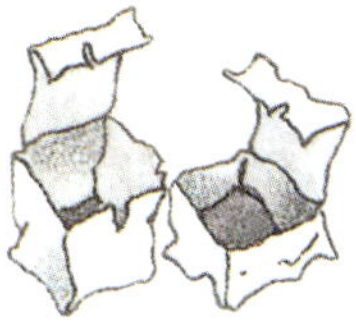 , crumpled  and much more. Luzie sniffs about until a  arrives and spits. Quickly, Luzie runs away. Where does Luzie run now?

Now Luzie is in a 

There are  and .

Luzie wants to do a wee-wee. It

stands close to a  and makes a .

Suddenly, something falls on its .

There is a  up in the . A

 sits beside the  on a .

It has also done a wee-wee. It hops

back into its . Luzie rolls in the

 until it is clean again.

Between the  is 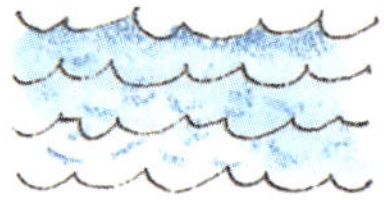 .

There are  swimming in

the 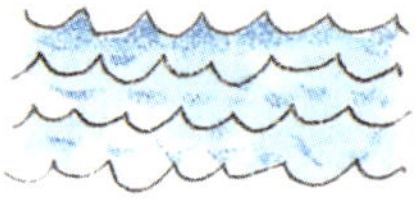 . Luzie wants to play.

She tries to catch the  .

The  quickly swim away and Luzie falls into the 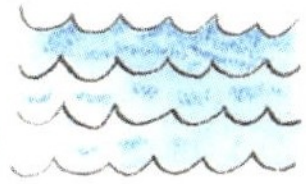 . The  is cold. Quickly, Luzie gets out and sits in the  until it is dry.

A little spiny ball lies close to Luzie .

Luzie is hungry and wants to eat it.

It will never do it again. The

little  walks away. Luzie yowls

until it does not hurt any more.

Then a little  passes by and wants to play. But Luzie has enough of it. It barks at the  and the  disappears in a  . Luzie runs after it and gets stuck. It struggles and then it is out again.

The  sets, the  rises. Luzie is tired and wants to go home. Luzie is small, but it is not stupid.

Luzie sniffs its way back.

There is the  .

There is the little  .

There is the  with the  .

There is the  with the .

Now Luzie passes the .

The  is still there and spits.

Quickly, Luzie goes on.

She reaches the .

Everything is calm and empty there.

This time Luzie waits until the  has passed by.

Now it reaches the place where our  has been. But our  is not here. We are not here, either.

Luzie sits down and whines up to

the  . It has never been so

sad.

We are also sad. We have looked for Luzie everywhere. Now we want to give up. But we go back once again to the place where we have lost it.

Our dear little Luzie sits there.

Now we take care even more that

Luzie doesn't run away.

Luzie ist unser
Luzie is our

Dackel
dachshund

Schuh
shoe

Tisch
table

Kaffeekanne
coffeepot

Zeitung
newspaper

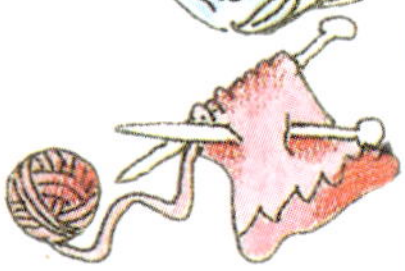

Strickzeug
knitting

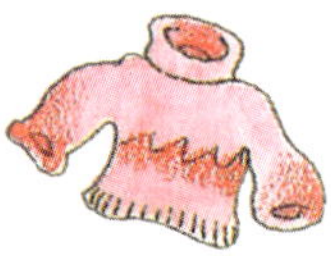

Pullover
sweater

Telefon
telephone

Fenster
window

Tür
door

Leine
lead

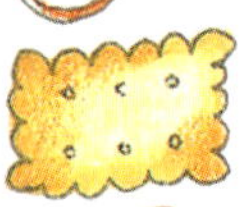

Keks
biscuit

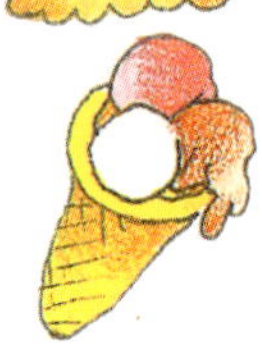

Eistüte
ice wafer

Kinder
children

Frau
woman

Mann
man

Hund
dog

Katze
cat

Kaninchen
rabbit

Igel
hedgehog

Fisch
fish

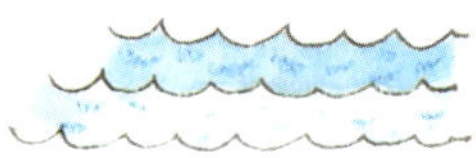

Wasser
water

Bus
bus

Auto
car

Radfahrer
cyclist

Sonne
sun

Stand
stand

Wurst
sausage

Käse
cheese

Eier
eggs

Blumen
flowers

Sack
sack

Kartoffel
potatoe

Kiste
crate

Gurke
cucumber

Möhre
carrot

Korb
basket

Apfel
apple

Mülltonne
dustbin

Dose
tin

Flasche
bottle

Schachtel
box

Papier
paper

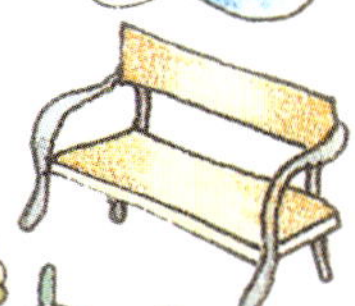

Bank
bench

Park
park

Baum
tree

Pfütze
puddle

Nest
nest

Vogel
bird

Gras
grass

Mond
moon

Übersetzung

Seite 2 Luzie ist unser Dackel. Luzie ist klein und dumm und will spielen. Luzie stellt immer was an. Da stehen unsere Schuhe. Frisch geputzt. Dann kommt Luzie. Das sind jetzt unsere Schuhe.

Seite 3: Dort auf dem Tisch neben der Kaffeekanne liegt Papas Zeitung. Papa steht noch unter der Dusche. Inzwischen kommt Luzie. Das ist jetzt Papas Zeitung. Das ist Mamas Strickzeug. Mama hat den neuen Pullover fast fertig. Aber leider kommt Luzie. Das ist übrig von Mamas Strickzeug.

Seite 4: Eigentlich müssten wir mit Luzie schimpfen. Aber Luzie ist so klein und dumm. Wir lachen lieber und passen auf. Wir passen auf, dass Luzie nicht die ganze Wurst verputzt. Und nicht den Hörer neben das Telefon wirft. Und nicht ihre Pfütze auf Papas Stuhl macht. Vor allem passen wir auf, dass Luzie nicht wegläuft. Wir machen die Tür immer fest zu.

Seite 5: Und wenn wir ausgehen, nehmen wir Luzie an die Leine. Aber Luzie ist sehr schlau. Einmal ist sie uns doch ausgerissen und das kam so:

Seite 6/7: Wir wollen einkaufen, Luzie soll so lange im Auto auf uns warten. Die Sonne scheint, es ist sehr warm. Darum lassen wir das Fenster vom Auto etwas auf. Luzie langweilt sich allein im Auto. Sie fängt an zu bellen.
Draußen bleibt eine Frau stehen und sagt: „Du armes Hundchen." Sie schenkt Luzie einen Keks. Ein Mann schenkt Luzie was von seiner Wurst. Der Mann und die Frau gehen weiter. Luzie ist wieder ganz allein und bellt.

Seite 8/9: Jetzt kommen drei Kinder mit Eistüten. Luzie mag gerne eine Eistüte. Sie winselt und bekommt erst eine Eistüte, dann zwei Eistüten und dann drei Eistüten. Dann kommt ein Mann mit einem großen Hund. Der große Hund springt am Auto hoch und kläfft. Luzie kläfft auch laut. Der Mann zieht seinen großen Hund schnell weiter. Nun kommt niemand mehr.

Seite 10: Luzie guckt aus dem Fenster und langweilt sich. Dabei rutscht sie immer weiter vor, und plötzlich ist Luzie draußen. Niemand zieht an der Leine wie sonst. Luzie kann rennen, wohin sie will.

Seite 11: Sie rennt fast vor einen Bus. Der kann gerade noch bremsen. Luzie rennt gegen einen Radfahrer, und der fällt hin. Luzie rennt zwischen lauter Füßen durch. Wohin kommt Luzie dann?

Seite 12: Hier riecht es gut. Luzie hockt sich hin und schnuppert. Es gibt einen Stand mit Wurst. Es gibt einen Stand mit Käse und Eiern. Es gibt einen Stand mit Blumen und einen Stand mit Säcken voll Kartoffeln. Es gibt Kisten mit Gurken und Möhren. Es gibt Körbe mit Kirschen und Birnen. Luzie reißt einen Korb mit Äpfeln um. „Scher dich weg!", schreit eine Frau. Luzie rennt ganz schnell weiter.

Seite 15: Da sind viele Mülltonnen. Davor liegt allerlei rum, leere Dosen, volle Tüten, zerrissene Schuhe, kaputtes Spielzeug, alte Flaschen, zerdrückte Schachteln, zerknülltes Papier und noch viel mehr. Luzie schnüffelt herum, bis die Katze kommt und faucht. Luzie rennt schnell weg. Wohin rennt Luzie jetzt?

Seite 16: Jetzt ist Luzie im Park. Dort stehen Bänke und Bäume. Luzie muss mal. Sie stellt sich an einen Baum und macht eine Pfütze. Da fällt was auf ihren Kopf. Oben im Baum ist nämlich ein Nest. Neben dem Nest auf einem Zweig sitzt ein Vogel. Der hat auch mal gemusst. Er huscht zurück in sein Nest. Luzie wälzt sich im Gras, bis sie wieder sauber ist.

Seite 18: Zwischen den Bäumen ist ein Wasser. Im Wasser schwimmen Fische. Luzie will spielen. Sie versucht die Fische zu fangen.

Seite 19: Die Fische schwimmen schnell weg, und Luzie fällt ins Wasser. Das Wasser ist kalt. Luzie schwimmt schnell wieder raus und sitzt in der Sonne, bis sie trocken ist.

Seite 20: Neben Luzie liegt ein kleiner, stachliger Ball. Luzie ist hungrig und beißt rein. Das macht sie nie wieder. Der kleine Igel trippelt weg. Luzie jault, bis es nicht mehr wehtut.

Seite 21: Da kommt ein Kaninchen und will spielen. Aber Luzie hat genug. Sie bellt das Kaninchen an, und das Kaninchen verschwindet in einem Loch. Luzie saust hinterher und bleibt stecken. Sie strampelt, dann ist sie wieder draußen.

Seite 22: Die Sonne geht unter, der Mond geht auf. Luzie ist müde und will heimgehen. Luzie ist zwar noch klein, aber sie ist nicht dumm. Luzie schnuppert zurück, wo sie hergekommen war. Dort hockt das Kaninchen. Da sitzt der kleine Igel. Dort ist das Wasser mit den Fischen.

Seite 23: Da ist der Baum mit dem Vogel. Nun kommt Luzie an den Mülltonnen vorbei. Die Katze ist noch da und faucht. Luzie rennt schnell weiter. Sie kommt zu den Ständen. Da ist alles ganz still und leer. Diesmal wartet Luzie, bis der Bus vorbeigefahren ist.

Seite 24: Jetzt ist sie dort, wo unser Auto gestanden hat. Aber unser Auto ist nicht hier. Und wir sind auch nicht hier.

Seite 25: Luzie setzt sich hin und winselt hoch zum Mond. So traurig ist sie noch nie gewesen.

Seite 26: Wir sind auch traurig. Wir haben Luzie überall gesucht. Nun wollen wir aufgeben. Aber wir gehen noch mal dahin, wo wir sie verloren haben.

Seite 27: Da sitzt unsere liebe kleine Luzie. Jetzt passen wir noch mehr auf, dass Luzie uns nicht ausreißt.

Originaltitel: Luzie reißt aus
Reihenlogo: Klaus Kögler
Coverillustration: Margret Rettich
Covergestaltung: Constanze Ordnung
Übersetzung: Andrea Stettler
ISBN 3-8112-2159-0

Der Umwelt zuliebe gedruckt auf chlorfrei gebleichtem Papier.